¡ESE ES EL TRABAJO PARA MÍ!

¡VOY A SER ESCRITORA!

POR MICHOU FRANCO

Gareth Stevens
PUBLISHING

Please visit our website, www.garethstevens.com. For a free color catalog of all our high-quality books, call toll free 1-800-542-2595 or fax 1-877-542-2596.

Cataloging-in-Publication Data

Names: Franco, Michou, author.
Title: ¡Voy a ser escritora! / Michou Franco.
Description: Buffalo : Gareth Stevens Publishing, 2025. | Series:
   ¡Ese es el trabajo para mí! | Includes index.
Identifiers: LCCN 2023038192 (print) | LCCN 2023038193 (ebook) | ISBN
   9781482467673 (library binding) | ISBN 9781482467666 (paperback) | ISBN
   9781482467680 (ebook)
Subjects: LCSH: Authorship–Juvenile literature.
Classification: LCC PN159 .F665 2025 (print) | LCC PN159 (ebook) | DDC
   808.02–dc23/eng/20230927
LC record available at https://lccn.loc.gov/2023038192
LC ebook record available at https://lccn.loc.gov/2023038193

Published in 2025 by
Gareth Stevens Publishing
2544 Clinton Street
Buffalo, NY 14224

Translator: Esther Sarfatti
Designer: Claire Zimmermann
Editor: Therese Shea

Photo credits: Cover, pp. 1 metamorworks/Shutterstock.com; Series Art (background) Salmanalfa/Shutterstock.com; p. 5 diignat/Shutterstock.com; pp. 7, 19 Evgeny Atamanenko/Shutterstock.com; p. 9 fizkes/Shutterstock.com; p. 11 Rawpixel.com/Shutterstock.com; p. 13 BeeBright/Shutterstock.com; p. 15 zefart/Shutterstock.com; p. 17 Gorodenkoff/Shutterstock.com; p. 21 Elena Medoks/Shutterstock.com.

Printed in the United States of America

Some of the images in this book illustrate individuals who are models. The depictions do not imply actual situations or events.

CPSIA compliance information: Batch #CS25GS: For further information contact Gareth Stevens, New York, New York at 1-800-542-2595.

Find us on

CONTENIDO

Las palabras en **negrita** aparecen en el glosario.

Futura escritora

Me encanta leer todo tipo de libros. Mis favoritos son los cuentos de hadas, la **poesía** y los cuentos graciosos. También me encanta escribir. Y, sobre todo, me encanta compartir lo que escribo. ¡Por eso, voy a ser escritora!

¡Escribe ahora!

Para hacer la mayoría de los trabajos, tienes que esperar a ser mayor. Debes cumplir cierta edad para trabajar. O tienes que esperar a terminar de estudiar. ¡Pero los escritores pueden ser de cualquier edad! Solo tienen que saber leer y escribir.

¿Qué escribir?

Los escritores pueden elegir entre escribir ficción y no ficción. La ficción trata de personajes y eventos que el escritor imagina. No son reales. Los cuentos de hadas y las **novelas** son ficción. La no ficción trata de personas y eventos reales. La historia y las **biografías** son no ficción.

El público

Los escritores piensan en su público cuando escriben. El público es la gente que lee libros u otros escritos. Un ejemplo de un público son los niños. Cuando escriben para niños, los escritores usan palabras e ideas que los niños entenderán. ¡A muchos adultos también les gusta leer libros **infantiles**!

11

Corregir

Las cosas que escribimos suelen tener errores, o faltas, al principio. Por eso, los escritores deben corregir, o editar, lo que escriben. Corregir un texto significa prepararlo para que otros lo lean. Al corregir, se podrían quitar algunas palabras. Se podría corregir la **puntuación** si fuera necesario. También se podría cambiar algo que no suena bien.

apters

your success

he after a while yu wa

t too keep track of

ally use a s ple exc

ators: dow

rejection rate

and ha

13

Publicar

Algunos escritores trabajan para editoriales, o compañías que publican libros. Una editorial prepara, produce y vende libros y otros escritos. La editorial paga al escritor por su trabajo. Otros escritores trabajan para **revistas**, periódicos y sitios web. Y algunos escritores publican y venden sus propias obras.

15

La universidad

Algunas personas van a la **universidad** para estudiar algún tipo de escritura. Los que estudian escritura **creativa** pueden aprender a escribir poesía, novelas, **guiones** y más cosas. Los que estudian **periodismo** aprenden a escribir noticias. Otros estudiantes de universidad aprenden a escribir para empresas, o compañías.

Una manera diferente

Algunos escritores famosos nunca fueron a la universidad. Sin embargo, leyeron mucho. Aprendieron de otros escritores. Algunos escritores tienen otros trabajos además de trabajar como escritor. A veces tardan muchos años en terminar un libro u otra obra escrita.

19

¡Simplemente escribe!

Yo estoy aprendiendo mucho acerca de la escritura en la escuela. Por ejemplo, la puntuación me ayuda a **comunicar** mis ideas más claramente. Estoy poniendo en práctica las habilidades que necesito para ser una buena escritora. También estoy escribiendo cuentos para mis amigos. ¡Algún día seré una escritora famosa!

GLOSARIO

biografía: la historia de la vida de alguien escrita por otra persona.

comunicar: compartir ideas y sentimientos.

creativo: que muestra o tiene la habilidad de tener ideas nuevas o crear cosas nuevas.

guion: un texto donde se escribe el contenido de un programa o una película.

infantil: que tiene que ver con la infancia o los niños.

novela: una historia larga que a menudo tiene personajes e eventos de ficción.

periodismo: el acto de recoger, escribir y editar las noticias.

poesía: escritura en verso que algunas veces cuenta una historia.

puntuación: los signos, como puntos y comas, que se usan para que quede claro el significado de un escrito.

revista: un tipo de libro fino y con cubierta de papel que contiene escritos e imágenes y que suele publicarse una vez a la semana o una vez al mes.

universidad: una escuela en la que se estudia después de terminar la escuela secundaria.

PARA MÁS INFORMACIÓN

LIBROS

Bradley, Doug. *Writer*. Nueva York, NY: PowerKids Press, 2023.

Raffa-Mulligan, Teena. *You Can Be a Writer!* Perth, Australia: Sea Song Publications, 2020.

SITIOS WEB

Cómo escribir un buen cuento en 5 pasos
www.grammarly.com/blog/how-to-write-a-story/
Aprende más acerca de las partes de un cuento de ficción aquí.

Tipos de escritores
www.masterclass.com/articles/types-of-writers
Existen todo tipo de escritores. Descubre 14 tipos diferentes en este sitio web.

Nota de la editorial a los educadores y padres: Nuestros editores han revisado cuidadosamente estos sitios web para comprobar que son apropiados para los alumnos. No obstante, muchos sitios web cambian con frecuencia, por lo que no podemos garantizar que los contenidos futuros cumplan con nuestros criterios de alta calidad y valor educativo. Les recomendamos que supervisen cuidadosamente a los alumnos siempre que tengan acceso a internet.

ÍNDICE